¿Dónde está el espagueti?

Greg Roza

Traducción al español: José María Obregón

LECTURAS DEL BARRIO

Rosen Classroom Books & Materials™

New York

Veo las manzanas.

Veo las naranjas.

Veo los huevos.

Veo la leche.

Veo el jugo.

Veo los caramelos.

¡Veo el espagueti!